ORAISON FUNÈBRE

PRONONCÉE
AU SERVICE SOLENNEL,

CÉLÉBRÉ

En l'Eglise Paroissiale de Saint-Etienne
d'Auxerre,

Le 29 Février 1820,

Pour le repos de l'âme de S. A. R.
Monseigneur le Duc de Berry,

Par M. l'Abbé BRUCHET,

Prêtre, Vicaire de cette Paroisse;

A AUXERRE,

DE L'IMPRIMERIE DE L. FOURNIER.

1820.

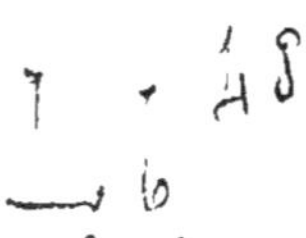

ORAISON
FUNÈBRE

DE TRÈS-HAUT, TRÈS-PUISSANT,
ET TRÈS-EXCELLENT PRINCE,

CHARLES-FERDINAND,
DUC DE BERRY.

Dixit Rex ad servos suos : Nùm ignoratis quoniam Princeps et maximus cecidit hodiè in Israël?

Le Roi dit à ses serviteurs : Ignorez-vous donc que c'est un Prince, et un grand Prince, qui est mort aujourd'hui dans Israel? 2. *Rois*. 3. 38.

ABNER, l'un des plus vaillans capitaines des armées de David, venait de périr sous les coups d'un traître. A cette déplorable nouvelle, le peuple entier partage la douleur de son roi; tous se couvrent de vêtemens de deuil, et paraissent, dans les gémissemens et dans les larmes, aux funérailles de l'illustre guerrier. David pleure amèrement la perte de celui en qui il voyait l'un des plus fermes soutiens de son trône ; et, en signe de ses profonds regrets, mêlés d'une noble et touchante admiration, il s'écrie : Non, non, Abner n'est point mort comme on voit mourir les lâches ; il n'a pas été traité en ennemi vaincu ; mais il est mort ainsi que ces hommes de cœur, qui tombent devant les enfans d'iniquité, non par la force des armes, mais par les odieuses manœuvres de la perfidie : *Nequaquàm ut mori solent ignavi ; sed sicut solent cadere coràm filiis iniquitatis.* Un jour entier s'écoule, sans que le Roi de Juda puisse se résoudre à prendre quelque nourriture ; et comme pour soulager sa douleur, en la faisant éclater aux yeux de ses fidèles serviteurs, il leur rappelle toute la grandeur de la perte que le Royaume vient de faire, et leur demande s'il n'est pas vrai qu'un Prince et un grand Prince ait péri dans Israël : *Nùm ignoratis quoniam Princeps et maximus cecidit hodiè in Israël ?*

Ah ! Chrétiens, qu'une semblable question serait aujourd'hui superflue ! Et cette morne tristesse, que je lis sur tous les visages, ne m'annonce-t-elle pas assez tout ce qu'ont éprouvé vos cœurs, déchirés en apprenant l'affreux forfait dont frémit et frémira long-temps, et la Patrie éplorée, et la Royale famille consternée, et l'Europe entière, saisie d'épouvante? Hélas! ce n'est point l'innocente victime d'une haine et d'une vengeance personnelles, qu'un furieux vient de frapper; ce n'est plus seulement le héros dont le bras et la valeur eussent servi de rempart au trône, et défendu la France contre ses divers ennemis, qu'un monstre vient de nous ravir; ce n'est plus seulement un Prince généreux, répandant les bienfaits à pleines mains sur tous ceux qui en sollicitaient des grâces, que les pauvres, les faibles, les infortunés ont à regretter; mais c'est l'héritier des droits d'une longue suite de Monarques, et le seul de nos Princes qui parut devoir les transmettre à sa postérité; c'est le fondement le plus assuré de nos espérances pour l'avenir; c'est le principe tutélaire de la légitimité du pouvoir, qui vient d'être sacrifié en sa personne, pour assurer le triomphe des plus funestes doctrines.

Aussi, d'un bout de la France à l'autre, depuis la nuit fatale qui sera à jamais inscrite dans notre histoire en caractères de sang, règnent la stupeur, l effroi, la consternation; chacun se demande si nous allons donc recommencer la triste série de nos malheurs et de nos crimes ; si les abîmes que nous avions crus fermés sont donc près de se rouvrir ; si enfin il nous faut renoncer à transmettre à ceux qui nous suivront le bel et précieux héritage de la Religion, des mœurs, des lois, et des institutions de la Patrie.

Toutefois, suspendons un instant ces douloureuses et accablantes réflexions, pour porter nos regards vers l'auguste victime que vient encore d'immoler le Génie du désordre et des révolutions, et qui réclame de nous en ce jour un triste et religieux hommage. Non que ma faible voix, Chrétiens, puisse exprimer dignement tout ce que ressentent vos cœurs, et répondre à ce qu'aurait droit d'exiger votre pieuse douleur. Et pourquoi faut-il que, déjà choisi pour en être l'organe dans une circonstance mémorable (1), j'aie été réservé pour en être en ce moment de nouveau l'interprète ? Ah ! qui l'eût dit, il y a quelques années, qui l'eût pensé, que ces pleurs qu'il nous était enfin permis de répandre en liberté

---

(1) Le Service expiatoire, célébré en cette ville pour Louis XVI, Louis XVII, la Reine, Madame Elisabeth et M. le Duc d'Enghien, le 21 juillet 1814.

sur la tombe du Roi-Martyr, il nous faudrait bientôt les verser sur le cadavre sanglant de son infortuné neveu ? Alors du moins nos larmes étaient mêlées de tant de consolations et de joies ; l'avenir alors se montrait sous de si riantes images, pour nous faire oublier les malheurs du passé ! Et aujourd'hui . . . . . . Efforçons-nous cependant, pour obéir à l'honorable appel fait à nos sentimens, et autant que nous le permettra le trouble dont notre âme est agitée, de rendre encore le funèbre et dernier devoir à TRÈS-HAUT, TRÈS-PUISSANT ET TRÈS-EXCELLENT PRINCE, CHARLES-FERDINAND D'ARTOIS, DUC DE BERRY, FILS DE FRANCE, NEVEU DU ROI.

IL est, vous le savez, Chrétiens, une justice éternelle et souveraine, qui ne peut laisser le vice et le crime impunis, pas plus que la vertu sans récompense ; et si cette justice essentielle, qui est Dieu même, attend souvent à une autre vie pour exercer ses châtimens sur les particuliers, rarement diffère-t-elle jusque-là pour venger les crimes publics, et sévir contre les égaremens des peuples et des nations.

Mais c'est surtout quand l'ordre social est attaqué jusque dans ses fondemens par des doctrines perverses, que la Providence doit aux hommes de sévères et terribles leçons. Conservatrice de cet ordre moral des sociétés, ainsi que de l'ordre physique et naturel, elle n'a besoin, pour les punir des atteintes qu'ils osent y porter, que de les laisser faire, pour ainsi parler, et d'abandonner à leurs bras destructeurs l'ouvrage de sa haute sagesse. Alors la faible raison de l'homme prétend se substituer à la raison infaillible et première ; et cet incroyable orgueil trouve, dans le succès de sa folle entreprise, sa plus rude punition ; alors, miné par les insensés qui l'habitent, l'édifice social s'écroule, et les écrase sous ses ruines; alors enfin, dit un Prophète (1), ils ont semé du vent, et ils recueillent les orages et les tempêtes.

Or, Chrétiens, quel homme de bonne foi pourrait nier, que tel ne fût le point où nous étions malheureusement parvenus, à l'époque qui précéda nos discordes civiles, après avoir remis en question tous les principes, avoués et convenus par les sages de tous les siècles, discuté avec hardiesse, et livré à l'insulte et au mépris ces salutaires doctrines, qui présentaient au respect des

_____

(1) *Osée*, 8. 7.

peuples les institutions antiques, les mœurs et les usages des ancêtres, la personne sacrée du Prince, et qui n'en imposaient pas moins au Prince de grands et pressans devoirs ; de telle sorte qu'il n'y eut plus, sur tout ce qui intéresse le moral de l'homme, de foi, de conviction, de créance certaine dans les esprits, et qu'il ne resta, pour former des Rois et des sujets, des magistrats et des guerriers, qu'un doute immense à l'égard des droits et des devoirs de chacun, qu'une effrayante incertitude, qu'un vague sans bornes, par rapport aux obligations, jadis les plus évidentes et les plus sacrées ?

Ainsi, la Révélation montrait à l'homme, Dieu, comme auteur de sa Religion, et, en même temps, comme principe de tout pouvoir ; et l'homme croyait et obéissait. Il rejette ces deux grandes pensées, ne voit dans la Religion et la Société que l'ouvrage de ses semblables; il ose dire : ce que l'homme a établi, l'homme peut le changer et le détruire, et il ne rêve désormais que changemens et destructions.

Tel était l'état des esprits et des mœurs, quand le Duc de Berry reçut le jour, et commença une carrière qui ne devait être pour lui qu'un long enchaînement d'inforlunes. Hélas ! à peine connaissait-il sa malheureuse patrie, qu'il s'en vit exilé et proscrit, condamné à passer la plus grande partie de ses jours sur des terres étrangères, qu'il ne devait quitter que pour trouver ensuite une mort cruelle sur le sol qui l'avait vu naître. Bientôt, et dès les premières années de son adolescence, il vole, là où l'appellent ses devoirs, l'intérêt du trône, et celui de sa famille. Sans doute ce n'est qu'en gémissant qu'il se voit forcé de suivre l'exemple de son aïeul de glorieuse mémoire, (1) et de marcher sous les bannières d'un illustre guerrier, d'un Prince cher à nos contrées, où il vint plus d'une fois, en recueillant les vœux des peuples, apporter les bienfaits de la puissance suprême, et dont nous avons encore admiré les sentimens religieux, et les nobles qualités morales, après que nos pères avaient été les témoins de ses exploits et de sa haute vaillance. Sous les yeux du Prince de Condé, le Duc de Berry apprenait l'art d'arriver à la gloire, et espérait peut-être, (vaine et trompeuse illusion !) que, dans de plus heureux jours, il lui serait donné de conduire à la victoire ceux-là même qu'il ne combattait qu'à regret, et de transformer de généreux adversaires en compagnons de ses triomphes.

____

(1) Henri IV.

Le Ciel en avait ordonné autrement ; le sort des armes lui fut contraire , et il fut réduit , avec les fidèles associés de son exil, à admirer les prodiges de valeur. qui lui fermaient l'entrée de sa patrie. Car , et la Providence l'avait ainsi résolu pour l'instruction et le châtiment des peuples et des rois, le mouvement imprimé à la France devait se communiquer à toute l'Europe , qui expierait ainsi par de longs désastres, et l'oubli des vrais principes , et sa folle admiration pour les nouvelles doctrines.

Cependant quelques années s'écoulent ; une puissance colossale , élevée sur les débris de tant d'autres, soutenue par d'immenses armées , et le prestige de la gloire , enchaînait à ses pieds les princes et les nations. Mais déjà le moment marqué pour sa chûte est arrivé: déjà elle commence à s'ébranler , et à s'étonner de ses premiers revers. Un esprit d'assoupissement et d'ivresse, comme parle l'Ecriture , (1) fruit ordinaire des grandes prospérités , pénètre dans ses conseils, et aveugle ses desseins. En vain l'homme, auquel s'étaient si malheureusement rattachées nos destinées, prétend-il

_____

(1) *Isai.* 29. 10.

retarder sa ruine, en opposant à ses ennemis les prodigieux efforts de la bravoure et de l'honneur français ; rien ne peut plus la suspendre ; il tombe, et la France et l'Europe sont délivrées. Tout à coup les indestructibles sentimens de la nation pour ses anciens Maîtres se raniment et se réveillent ; le nom du Roi, celui des Bourbons sont répétés avec enthousiasme ; plus de salut qu'avec eux et par eux ; la patrie réclame son père, dont elle fut si long-temps orpheline ; un mouvement électrique se propage d'une extrémité de la France à l'autre ; et ainsi se relève, en un moment, ce trône antique, dont la chûte l'avait entraînée dans un abîme de maux sans mesure, et qui semblaient aussi devoir être sans terme.

Le Duc de Berry revint donc avec les Princes de sa famille sur ce sol Français, où l'attendaient les plus douces émotions. FRANCE ! s'écrie-t-il avec transport, en touchant la terre de la patrie ; et sa joie vive et empressée, son aimable gaieté, ses manières franches et chevaleresques lui gagnent tous les cœurs. C'était surtout au milieu de nos guerriers que le conduisaient plus volontiers ses goûts et ses penchans naturels ; leurs évolutions et leurs manœuvres devenaient ses jeux et ses plaisirs habituels; et si l'on put remarquer en lui certains signes de cette vivacité, quelquefois excessive, que fortifient, loin de la modérer, une éducation toute militaire, et une jeunesse toute passée dans les camps, avec quel avantage ne rachetait-il point un défaut, dont la malveillance et la calomnie voulurent s'armer contre lui, par la noble simplicité, et la naïve bonté de son caractère !

La bonté, Messieurs ! Eh ! ne l'avait-il pas puisée aux sources mêmes de la vie, puisqu'elle semble attachée à ce sang des Bourbons, qui n'ont peut-être hélas ! à se garder que de ses excès ? Ah ! j'aime à vous rappeler qu'elle était aussi le caractère distinctif de ce Prince que la postérité a surnommé le GRAND CONDÉ, et que l'illustre orateur (1), qui s'est immortalisé par son éloge, en fait comme le véritable apanage de la grandeur. Il est donc vrai, et Saint-Louis, et Henri IV en sont garans, que la bonté s'allie sans peine chez les Princes avec les qualités les plus brillantes, la valeur la plus hardie, le génie le plus élevé. Aussi tous la chérissent

----

(1) Bossuet. *Voyez* l'Oraison funèbre du Prince de Condé.

et l'estiment ; elle est, pour ainsi dire, à la portée de tous, et de ceux-là même qui ne sauraient apprécier de plus éblouissantes vertus. Aussi, nous Français, ressentons-nous les joies et les douleurs de nos Princes, comme les joies et les douleurs de ceux de notre famille, parce que la bonté tempère en eux l'éclat de la grandeur, et la rend accessible à leurs plus humbles sujets. Ah ! malheur au cœur froid, qui ne saurait concevoir de tels sentimens, que la bonté et les bienfaits ne sauraient toucher, et qui peut-être oserait tourner en dérision ces liens d'amour entre les peuples et leurs maîtres, pour n'accorder son admiration exclusive qu'a ces qualités, souvent plus éclatantes qu'utiles, et la cause trop ordinaire des infortunes et des calamités publiques !

Toutefois ce n'est point assez de la bonté et des bienfaits pour guérir les maux d'un peuple, long-temps séduit et corrompu par de fausses doctrines. Il semblait en effet que la présence du Roi légitime, du Roi Très-Chrétien, du fils aîné de l'Église, n'eût fait qu'accroître l'audace de leurs coupables propagateurs. Comprimées sous un pouvoir despotique, qui quelquefois, dans sa marche brusque et violente, étouffait indifféremment le mal comme le bien lui-même, elles se

réveillent, enhardies par une confiance excessive, et par une liberté qui dégénère
en licence. Tout ce qu'il y a de pervers et
de corrompu s'unit et s'allie, pour conju-
rer la ruine de la puissance légitime; les
suppôts de la tyrannie déchue, et les par-
tisans de l'anarchie font cause commune
contre l'autorité d'un Gouvernement légal
et paternel; des nuages orageux s'étendent
sur notre horison politique, et de leur sein,
comme un sinistre météore, apparaît subi-
tement à la France épouvantée, l'auteur de
tant de maux passés, qui vient en pré-
parer de plus affreux, et qui, grâce aux
plus perfides combinaisons, se rend maître,
et presque en un moment, d'un vaste em-
pire, enlevant à la fidélité courageuse jusqu'à la possibilité de le combattre. Oh! qui
dira quelle fut, dans ces jours de vertige,
la douloureuse indignation du Duc de
Berry, appelant à ses côtés l'honneur et
la fidélité, et n'entendant presque par-tout
pour réponse que les vociférations de la
révolte, et les clameurs de la trahison en
délire! Et pourtant sa grandeur d'âme ne
l'abandonne point dans ces terribles momens. Arrivé à Béthune (1), il pourrait

______

(1) Le 24 mars 1815.

commander aux légions restées fidèles , de venger l'honneur du drapeau sans tache contre de téméraires insultes ; mais il veut épargner le sang , et frémirait de le voir répandre sans fruit pour sa cause : « Soldats, » (1) crie-t-il aux siens : ne tirez pas ; nous » sommes tous Français. » Tant sa généreuse et loyale bonté ne pouvait le quitter , alors même qu'il eût été plus pardonnable de l'oublier !

Douces et heureuses dispositions qui durent encore moins coûter à son cœur, quand, pour la seconde fois , les portes de la France s'ouvrirent au Roi et à sa famille ! C'était alors avec un noble sentiment de reconnaissance que le Prince se retrouvait au milieu de ces bons habitans de nos Provinces du Nord (2), dont il avait reçu, à une époque récente et désastreuse, de si

---

(1) Ces belles paroles , que je ne connaissais pas textuellement , quand ce discours fut prononcé , sont conservées sur une médaille , frappée en mémoire de cet événement.

(2) Au mois d'août 1815 , M.gr le Duc de Berry présida le collége électoral du Département du Nord « Je » suis à vous, disait-il à ses bons Lillois, comme » Henri IV , à la vie et à la mort. »

touchantes marques d'une affectueuse fidélité. Et avec quelle grâce il accueillait ce
concert d'acclamations, qui accompagnait le
retour de nos Bourbons, et qu'avaient rendu
plus vif et plus éclatant encore les douleurs
et les regrets de l'absence !

Au reste, le Duc de Berry ne devait plus
donner désormais que l'exemple des vertus
calmes et pacifiques. Etranger aux épineuses
discussions de la politique, il revint avec
plaisir aux tranquilles occupations de la vie
privée. Eh ! combien n'allait pas les lui
rendre plus chères encore cette belle et
digne alliance avec une jeune Princesse de
son sang, qui nous semblait alors formée
sous de si heureux auspices ! Eh bien !
Français, les goûts et les vertus du Prince
vont devenir les goûts et les vertus de son
auguste et aimable Epouse. Faire le bien ,
soulager le malheur dans toutes les classes
de la société, encourager l'industrie, exciter
l'émulation, voilà l'utile et sage emploi de
leurs richesses et de leurs ressources. Vous
le savez tous, Messieurs, et vous avez re-
connu le vrai Français dans cette belle con-
duite du Duc de Berry. L'on propose à nos
Députés d'augmenter l'apanage du Prince,

à l'occasion de cette union tant désirée (1) ;
et nos dignes mandataires, interprètes de
nos sentimens pour l'héritier du Béarnais,
s'empressent d'ajouter eux-mêmes à la demande qui leur est faite ; mais le Prince
déclare que cette surabondante libéralité sera
consacrée aux besoins les plus pressans de
nos Provinces, désolées par l'invasion. Et
dans quel lieu, quelle cité, quelle bourgade,
ne pourrais-je pas trouver des traces de ses
bienfaits ? Nos contrées elles-mêmes (2), j'en
appelle au témoignage de nos Magistrats,
dont sa bonté savait prévenir les sollicitations,
n'en ont-elles pas été plus d'une fois favo-
risées dans les divers désastres qui ont pesé
sur elles ? Ici même peut-être des voix re-
connaissantes pourraient proclamer cette
active sollicitude qui aurait voulu, s'il eût
été possible, pourvoir à tous les besoins,

---

(1) Les Ministres du Roi proposaient d'accroître l'a-
panage de 500,000 francs par an ; et les Chambres
accordèrent un million. Ainsi les pauvres gagnèrent en
ce jour un revenu de 500,000 francs.

(2) Monseigneur le Duc de Berry a envoyé dans ce
Département des secours considérables, pour incendies
ou autres désastres, dont il n'avait eu connaissance
que par la voie des journaux.

et adoucir toutes les infortunes. Pieuses et expiatoires largesses, versées dans le sein du pauvre, vous vous élevez, dit l'Esprit-Saint (1), devant le trône du Seigneur ; vous y réclamez pour le Duc de Berry miséricorde et propitiation, et le Ciel vous exauce. Mais de la part des hommes, grand Dieu ! quelle en sera la récompense !

Ah ! M. F. , ne semble-t-il pas que notre malheureuse patrie ait été, en punition de ses crimes passés, frappée de l'une de ces plaies profondes et persévérantes, de ces mortelles et incurables infirmités, dont le Seigneur, par la bouche de Moyse, menaçait un peuple ingrat et rebelle (2) : « *Augebit Dominus plagas* « *tuas, — plagas magnas et perseverantes,* » *infirmitates pessimas et perpetuas?* » Eh! quoi, tant et de si cruelles expériences n'ont donc pu encore nous déprendre de ces funestes et pernicieuses opinions, de ces fallacieux et sophistiques systèmes, qui, trouvant toujours quelques monstres pour en tirer les dernières et plus horribles conséquences, n'aboutissent qu'à l'anarchie religieuse et politique, et à tous les crimes qu'elle peut enfanter ! Oui,

____

(1) *Eccli.* 20. 15. *et Act.* 10. 4.
(2) *Deut.* 28. 59.

Messieurs, nous l'avons vu relever, au milieu de nous, sa tête hideuse, cette cruelle et sanguinaire idole de l'impiété et de la licence; et son audace s'est accrue de la faiblesse et de la peur qu'elle a trouvé le secret d'inspirer; et elle a menacé de nouveau, et l'autel et le trône de leur commune ruine; et elle a rappelé autour d'elle ses anciens et criminels adorateurs; et elle leur a commandé le blasphème public contre Dieu et son culte, contre les Rois et leur autorité; et nous les avons entendus avec effroi reproduire sans pudeur ces étranges et abominables principes, que nous croyions à jamais ensevelis dans la fange révolutionnaire..... Et qu'en est-il résulté, Messieurs ? C'est que cette divinité du crime, plus barbare cent fois que celles qu'adoraient, avant leur conversion au Christianisme, nos barbares et sauvages ancêtres, a demandé à ses Ministres le sacrifice de nouvelles victimes, après l'immolation de tant de milliers de victimes dans chacune de nos Provinces, de nos cités, et presque de nos familles; c'est enfin qu'après avoir naguère obtenu, dans une contrée voisine, le sang d'un défenseur des Rois, elle vient d'exiger d'une main odieuse et parricide le sang d'un Prince, qui devait perpétuer au milieu de nous la race des Rois, et des meilleurs de tous les Rois!

Mais contenons, s'il se peut, la juste et vertueuse indignation, dont est pénétré tout cœur chrétien et français contre les vrais auteurs de ce monstrueux attentat. C'est auprès du lit de mort du digne fils de Saint-Louis, que je vous appelle en ce moment, M. F.; car si ce trépas, aussi sublime que lamentable, doit redoubler votre haine pour les doctrines impies et anti-sociales, il n'est pas moins capable d'ajouter à votre respect et à votre amour pour cette Religion pure, à laquelle les Bourbons sont toujours restés fidèles, malgré les contagieux égaremens de leur siècle, et qui a fait briller l'héroïsme du Duc de Berry à ses derniers momens, d'un éclat plus vif que si, comme Bayard ou Turenne, expirant au lit d'honneur, il eût été enseveli dans son triomphe.

Plus d'un siècle s'est écoulé depuis que le grand Bossuet, (1) célébrant la mort inopinée, mais pourtant naturelle, d'une jeune et illustre Princesse, ne trouvait pas assez de larmes, assez de paroles, assez de ressources dans sa haute éloquence, pour pu-

---

(1) Oraison funèbre de la Duchesse d'Orléans.

blier la vanité de toutes les choses humaines, et proclamer sur leurs débris la puissance et la vérité de la Religion. Ah ! que dirait-il aujourd'hui, si, monté dans la chaire funèbre de ce temple (1) antique, consacré au premier Apôtre de la France, placé sur les tombeaux de Louis XVI et d'Antoinette, seuls au milieu de ces souterrains déserts, il avait à déplorer, après tant d'autres calamités, cette dernière et effroyable catastrophe, qui nous rappelle le souvenir de toutes celles qui l'ont précédée ; s'il lui fallait dépeindre les derniers instans d'une âme ardente et fière, tout à coup saisie par la mort (et par quelle mort !) ; s'il lui fallait montrer quelques faiblesses, quelques écarts dans la vie de notre infortuné Prince, mais rachetés et réparés par un aveu public si humble et si courageux, par une patience si consommée dans les plus horribles souffrances, par une compassion qui n'oubliait que lui seul, pour s'attacher à tout ce qu'il aimait, enfin et surtout par le généreux pardon du crime atroce qui lui ravit une si belle vie : pardon si souvent, si hautement répété, si ardemment sollicité près

____

(1) L'Église du Chapitre royal de Saint-Denis.

de l'auguste et malheureux Monarque, ac-
couru vers son fils (1) : pardon qui lui
procure la mort des vrais chrétiens, et des
disciples fidèles de l'Homme-Dieu, la mort
même des Martyrs, et de ce Roi-Martyr, qui
s'écria : « Je pardonne, » et s'éleva aussitôt
vers les cieux ? Ah ! plein de confiance en
ces signes de la miséricorde divine, ne pour-
rait-il pas dire alors, l'immortel et sublime
Orateur, avec encore plus de raison que
pour Madame Henriette : « Si le temps a
» été court, l'opération de la grâce a été
» forte, et la fidélité de l'âme parfaite ? »
Et nous, Chrétiens, ne nous écrierons-nous
point aussi avec la jeune et tendre Epouse
du héros expirant : « Je savais bien que
» cette belle âme était faite pour le Ciel,
» (oui, pour le Ciel, la Religion et la
» Vertu), et qu'elle devait y retourner ? »

Et en effet (car je ne craindrai pas, M. F.,
de répéter ici ce que tous savent, et veulent
néanmoins entendre répéter encore), à
peine le Prince frappé du coup mortel, et
connaissant trop le danger qui le menace :
« Ma fille, et M. l'Evêque d'Amyclée (2) » ;

----

(1) C'était le nom que la tendresse du Roi se plaisait
à donner aux Princes ses neveux.

(2) Monseigneur de Latil, élu Evêque de Chartres.

tels sont les premiers mots qui sortent de sa bouche, dès qu'il a recouvré ses sens et l'usage de ses facultés. Ainsi, la Religion et la nature occuperont seules les derniers et courts instans qu'il doit encore passer ici-bas. Le vénérable Prélat arrive, prête son ministère sacré à la conscience du Prince, et le dispose à recevoir, avec la Sainte-Onction des mourans (1), les secours précieux que la religion accorde à ses enfans, arrivés sur le seuil de l'éternité. Alors il bénit le royal enfant, lui souhaite des jours plus heureux que ne l'ont été ceux de tous les siens, acquitte la dette de son cœur envers d'anciens et fidèles amis, envers les mains habiles qui lui prodiguent de trop inutiles soins, s'entretient avec son Roi, son vertueux et inconsolable père, son pieux, autant que magnanime frère, sa digne et religieuse compagne, qu'il conjure, et sans doute au nom de la France entière, *de se ménager pour le précieux gage qu'elle porte dans son sein.* Enfin il reçoit les adieux de l'héroïne, ange tutélaire de la patrie, dont l'ineffable destinée est de soutenir sans cesse,

____

(1) Les vomissemens répétés et fréquens empêchèrent le Prince de recevoir le S. Viatique.

avec le malheur, la lutte la plus glorieuse et la plus chrétienne. Ah ! M. F., est-ce bien d'une bouche mortelle que sont sorties ces célestes paroles : « Mon père vous attend : » dites-lui de prier pour la France et pour » nous ? » ...... C'est assez ; le Prince désormais tranquille n'a plus rien à demander ; l'arrêt du Ciel, quelque rigoureux qu'il puisse être, ne trouvera plus de résistance ; il expire, et Louis, à qui reste un dernier devoir à remplir, ferme les yeux de la victime, pour laquelle tout Français eût voulu mille fois sacrifier sa propre vie.

Eh ! qu'ai-je dit, Messieurs ? N'était-ce donc pas l'unique regret de ce Prince chéri, de périr sous le fer d'un assassin, et *de la main d'un Français?* Mais non, fils de Saint Louis, il n'était plus *Français*, le monstre, l'impie, l'athée (1) (c'est lui-même qui en a fait l'horrible aveu), qui a porté sur vous une main sacrilège, comme ils ne sont plus *Français*, ni dignes de ce nom, tous ceux

---

(1) On connaît, et je me garderai bien de répéter ici l'affreux blasphème qu'a vomi le *monstre* devant M. le Procureur du Roi, qui l'interrogeait. C'était là aussi son *opinion :* et jugez des résultats que peuvent avoir les *opinions* humaines, mises à la place des doctrines et traditions divines !

qui ont abjuré la foi et le vieil honneur de leurs pères, l'amour et le respect de leurs ancêtres pour leur Dieu et pour leur Roi!

Au reste, Chrétiens, que notre juste horreur pour l'auteur d'un exécrable attentat ne nous fasse point oublier ce que nous avons lieu de nous reprocher à nous-mêmes. Ah! que de faveurs et de bénédictions nous promettait l'heureuse restauration du trône de nos légitimes maîtres, auxquelles nous avons dû renoncer par nos continuelles infidélités! Oui, et, sous ce point de vue, il est bon, il est utile, il est vrai de nous le dire à nous - mêmes : nos iniquités sans nombre, notre impénitence sans terme, notre aveugle entraînement vers tous les appâts que le siècle offre à la corruption, ou bien à la frivolité, enfin la lâcheté et la tiédeur des plus justes, voilà peut-être, du moins en partie, les causes de l'abandon auquel nous a livré le Seigneur, et dès-lors de ce dernier et horrible malheur. Car hélas! dans ce coup affreux, je n'aperçois de la part du Ciel que miséricorde pour le Prince que nous pleurons, et souveraine rigueur pour nous, et pour nos malheureux enfans.

Toutefois, M. F., si notre profonde affliction n'est que trop justifiée par le déplo-

rable événement qui l'excite, et par la crainte
de ses plus déplorables suites, s'il nous faut,
aujourd'hui plus que jamais, sentir le besoin
de revenir à nos devoirs, à la Religion surtout, à la seule vraie Religion, la Religion
de Jésus-Christ, et à tout ce qu'elle nous
prescrit pour notre propre bonheur, s'il faut
enfin nous résoudre à périr, ou bien inté-
resser le Seigneur à nos destinées, et, comme
autrefois Moyse (1), ne point souffrir qu'en
cessant d'étendre nos mains vers le Ciel,
Amalec l'emporte sur nous, et que nos
ennemis de tout genre insultent à notre
honte; si, dis-je, il en est ainsi, ce n'en
serait pourtant pas moins un crime de dé-
sespérer du salut de ce Royaume, et d'ou-
trager le Dieu qui veille encore sur lui par
un tel excès d'abattement et de défiance.
Non, non, Chrétiens, espérons jusqu'à la
fin le salut et le maintien de la monarchie
de Clovis, de Charlemagne et de Saint Louis;
une Veuve désolée peut essuyer bientôt les
larmes de la France par le fruit même de
ses angoisses et de sa douleur; et fallût-il
attendre du Ciel quelque miracle, le Ciel,

____

(1) *Exod.*, 17. 11.

vous le savez, n'en fut jamais avare pour
la France et pour ses Bourbons.

Mais aussi, Messieurs, le moment est
venu; il est venu pour tout Français de con-
tribuer de tout son pouvoir au salut de son
Prince, et à celui de sa patrie, qui se con-
fondent avec le sien propre. C'est aujour-
d'hui surtout que, lorsqu'il s'agit de satis-
faire à ses devoirs, l'égoïsme serait un crime;
l'intérêt personnel, une infamie; de basses
considérations, un calcul aussi honteux
qu'absurde. Oui, c'est du fond de son tombeau que le Duc de Berry vous tient ce
langage, et certes il a payé assez cher le
droit d'être écouté; c'est, dis-je, du fond
de son tombeau qu'il me semble l'entendre
s'adresser à toutes les conditions, à toutes
les classes de la Société, et vous dire :

« Magistrats, héritiers ou successeurs de
ces illustres et quelquefois héroïques dé-
fenseurs de leur Prince et de leur pays, dont
s'honore la magistrature française, sauvez
le Roi, sauvez la France, par l'union de
votre zèle, de votre vigilance, de votre sage
et prudente, mais aussi inébranlable fermeté;
et, si quelque danger pouvait être attaché à
l'accomplissement de ces devoirs, croyez-
vous heureux de pouvoir les braver.

» Guerriers, qui, (1) pour la plupart, me montrez sur votre sein les images révérées du plus pieux et du plus clément de nos Rois ; vous surtout dont je me plaisais à protéger la respectable et paternelle Association, noble héritage (2) que m'avait transmis le dernier des Condés ; et vous qui avez vieilli dans la carrière de la fidélité, et vous qui, pleins d'une généreuse émulation, voulez y suivre de près vos aînés et vos modèles ; ah ! vous m'eûssiez défendu au prix de tout votre sang, si j'avais pu quelque jour conduire vos phalanges à la gloire. Eh ! bien, je vous remets la garde d'un Monarque, dont ma triste fin devait empoisonner la vieillesse de douleur et d'amertume, d'un père et d'un frère chéris, de l'Orpheline du Temple, de ma jeune et trop infortunée compagne ; et, si vous pensez à venger ma mort, que ce soit seulement en préservant toute ma Royale fa-

---

(1) MM. les Chevaliers des Ordres Royaux de Saint-Louis et de la Légion d'Honneur.

(2) Monseigneur le Duc de Berry était président de l'Association Paternelle de l'Ordre Royal et Militaire de Saint - Louis, depuis la mort de M. le Prince de Condé, qui lui avait recommandé, en mourant, ses vieux compagnons d'armes et de malheur.

mille des nouvelles attaques du crime et de la trahison.

» Et vous, peuples, qui que vous soyez, vous pauvres, que je portais dans mon cœur, vous pour qui je suppliais vos Magistrats *de ne point épargner votre Prince* (1), priez pour moi, priez pour ces âmes généreuses et vraiment royales qui me remplaceront encore auprès de vous; environnez-les sans cesse de vos bénédictions, de vos respects et de votre amour; car elles ne veulent régner sur les Français, que pour les rendre tous heureux. »

Chrétiens, qui de nous pourrait être sourd à ce langage? Ah! plutôt, dociles à cette voix touchante, nos cœurs voleront au-devant des vœux et des désirs que j'ai osé vous exprimer au nom de l'auguste et si regrettable victime. Ainsi nous appellerons désormais toutes les grâces d'en haut sur une terre depuis long-temps maudite et réprouvée; nous y ferons refleurir les vertus, et les vertus religieuses; et avec elles, les nobles sentimens, les grandes et belles actions. Enfin nous mériterons par-là pour

---

(1) Paroles de Monseigneur le Duc de Berry adressées à M. Cordier, Maire de son arrondissement, à Paris.

nos Princes, pour nos frères, pour nous-
mêmes, les promesses assurées à la religion
et à la piété (1), tant pour la vie présente,
que pour celle de l'éternité.

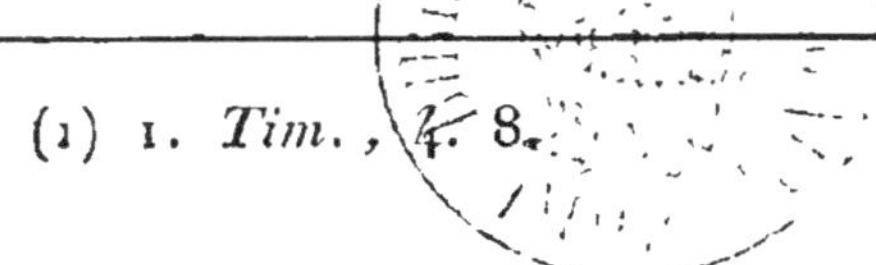

---

(1) 1. *Tim.*, 4. 8.